LETTRES

A MESSIEURS

LES RÉDACTEURS DE LA PRESSE PÉRIODIQUE

DE PARIS

ET DES DÉPARTEMENS.

LETTRES

A MESSIEURS

LES RÉDACTEURS DE LA PRESSE PÉRIODIQUE

DE PARIS

ET DES DÉPARTEMENS.

« Il ne faut point examiner en rhéteur les vues
« d'un homme droit et pur. » *M. Villemain.*

« Mon inclination m'éloigne principalement de
« ces desseins qui ne sauraient être utiles aux
« uns qu'en nuisant aux autres. » *Descartes.*

« Je m'appliquerai selon mes forces à remplir la
« tâche qui m'est imposée. J'y apporte du
« moins un vif sentiment de la justice, seule
« conciliatrice des opinions et des intérêts
« divers : ce sera mon titre à votre confiance.
« J'en ai besoin, messieurs, et je m'efforcerai
« de la mériter. » *M. Royer-Collard, mercredi
27 février* 1828.

« Dieu seul est sage, parce que lui seul a l'en-
« tière connaissance des choses. » *Descartes.*

PARIS.

IMPRIMÉ CHEZ PAUL RENOUARD,

RUE GARENCIÈRE, Nº 5, F. S.-G.

1831.

LETTRES

A MESSIEURS

LES RÉDACTEURS DE LA PRESSE PÉRIODIQUE

DE

PARIS ET DES DÉPARTEMENS.

PREMIÈRE LETTRE.

MESSIEURS,

Il manque au monde une seconde providence, une providence humaine qui, surveillant avec amour les grands intérêts, les intérêts généraux et permanens de l'humanité, les fasse triompher des passions des hommes et conséquemment de

leurs intérêts partiels de secte, de parti, de pro-
fession, de condition sociale et de fortune.

En d'autres termes, messieurs, de même que
de temps immémorial et par toute terre, on a
bien su créer des lois, ériger des tribunaux pour
administrer la justice aux hommes, en matières
civile et criminelle, de même il faut aujourd'hui
savoir fonder un pouvoir neutre et modérateur
qui, chaque jour, selon les besoins du jour,
soumette à la raison publique ses jugemens
motivés sur les éternelles dissensions que sans
cesse nous voyons s'élever entre les gouvernans
et les gouvernés, entre les diverses classes de la
société, classes riches, intermédiaires et pauvres,
entre les intérêts de l'agriculture, du commerce,
de l'industrie, des arts, des sciences et des lettres, intérêts, au surplus, que nos mauvais penchans non la nature des choses rendent ennemis
les uns des autres.

Fortement occupés que nous sommes tous
des soins de la vie, de l'exercice d'une profes-
sion, de nos courts plaisirs, de nos longues souf-
frances, de nos rivalités, de nos haines, com-
ment jugerions-nous l'intérêt général qui ren-
ferme en faveur de nos adversaires des avan-
tages que nous cherchons à leur enlever, tandis que nous voulons forcément y introduire

nos vues, nos intérêts particuliers, quelque op-
posés qu'ils puissent être au bonheur des autres.
L'intérêt général, en outre, ne frappe point nos
sens; rarement il nous touche d'une manière
vive, forte, permanente, immédiate; et il arrive
que son triomphe ou sa défaite s'opère avec len-
teur, sans que seulement nous nous en aper-
cevions. Aussi les vrais principes de la politique
se dérobent-ils à nos recherches. Tout en nous,
messieurs, est ici obstacle à la découverte de la
vérité : nous n'apercevons qu'une partie des objets dont il faudrait saisir et embrasser l'univer-
salité; c'est ainsi que leur ensemble nous échappe
toujours, bien que nous ayons la funeste pré-
tention de le former d'après nos idées incom-
plètes, et pour comble d'erreurs, nous envisa-
geons avec colère, avec inimitié, les opinions et
les intérêts que suscitent à nos semblables le
point de vue opposé au nôtre, d'où ils examinent
la contre-partie des mêmes objets, contre-partie que nous ne voyons pas ou que nous voyons
mal. Il faut donc que, chaque jour, dans un
pays libre, surtout, les intérêts généraux, les
grands intérêts de la patrie nous soient représentés dans le plus parfait ensemble et la plus
rigoureuse exactitude, d'une manière sensible,
palpable, s'il est permis de s'exprimer ainsi, qui

les rendent sans cesse présens à nos esprits et à nos cœurs. « Aucune opinion, aucune doctrine, « observe le journal l'*Avenir* du jeudi 5 mai 1831, « ne peut exercer une action immédiate sur la « société, une influence directe sur les évène- « mens, se préserver des périls qui la menacent, « conquérir la part qui lui revient dans la liberté « commune, si cette opinion, cette doctrine de- « meure muette au milieu du choc journalier des « partis. Privée de l'appui d'un organe quotidien, « elle n'a plus qu'un instinct vague de ses inté- « rêts, un sentiment confus de ses craintes et de « ses desirs. » Or, les intérêts divers de la société nous sont tous représentés, mais chacun à part, chacun en état d'hostilité contre un ou plusieurs autres, et l'intérêt général seul demeure sans organes et sans représentans ! Eh bien ! cet état de choses, s'il dure, nous place *invinciblement* entre plusieurs abîmes, l'anarchie, le despotisme, la conquête ou la barbarie. Messieurs, vous le savez, l'amour du pouvoir et l'amour de l'indé- pendance sont, en société, les deux plus forts penchans de l'homme ; il en résulte depuis l'ori- gine du monde, une lutte éternelle entre le pou- voir et la liberté ; cette lutte devient infiniment dangereuse, il faut le dire, chez un peuple avancé en civilisation, qui néanmoins ne jouit pas de-

puis assez de temps d'une constitution libre,
pour concevoir pleinement la profondeur et l'é-
tendue des devoirs que lui impose la liberté
dans un siècle, où d'ailleurs, j'insiste sur cette
observation, « il est évident que les facultés qui
« appartiennent à l'être intelligent ont pris l'as-
« cendant pour la direction générale de la so-
« ciété, sur les facultés qui sont le partage exclu-
« sif de l'être moral (1). » Chacun de nous
cependant, en son unique qualité d'homme, par
le fait seul de sa condition ou de sa position sociale, se trouve naturellement engagé dans la
lutte : aussi les uns « veulent-ils toujours étendre
« le principe démocratique de la constitution,
« les autres, renforcer à l'excès le pouvoir de
« l'autorité publique »; car jamais le pouvoir et
la liberté n'ont su dire : *c'est assez*. Et personne
parmi nous, non personne, pour nous juger
tous, tandis que c'est précisément de justice dont
nous avons tous le plus imminent besoin !

Messieurs, je crois fermement à la possibilité
de créer en France une institution forte qui se
composerait d'hommes qu'une position sociale
très avantageuse rend à-la-fois indépendans du
gouvernement et des peuples.

(1) M. Ballanche.

En conséquence, considérant ici comme fait, ce qui, selon moi, est à faire, je dis :

Un pouvoir neutre et modérateur est fondé par la loi. On le nomme l'*aréopage*.

Les fonctions de l'aréopage consistent uniquement à faire, pour le bonheur de l'humanité entière, ainsi donc dans l'intérêt bien entendu de la nation et de son gouvernement, du gouvernement et de la nation, un consciencieux, un salutaire usage du droit qu'ont les Français de publier et de faire imprimer leurs opinions en se conformant aux lois.

Une loi fixe le nombre des aréopagites et détermine quelles conditions doivent être remplies pour être reçu à la candidature de l'aréopage. Nul d'ailleurs ne devient aréopagite qu'en vertu de plusieurs degrés d'élection. Les trois grands pouvoirs de l'état, le roi et les deux chambres, choisissent les membres de l'aréopage d'après des formes convenues et arrêtées d'avance, sur des listes de candidats que leur présente qui de droit.

Les fonctions de l'aréopage sont à vie.

Les aréopagites font élection de domicile à Paris et dans les quatre-vingt-cinq autres villes du royaume, chefs-lieux de départemens.

A l'ouverture de chaque session des chambres,

l'aréopage envoie à Paris un certain nombre de ses membres pour assister, dans des tribunes qui leur sont réservées et tant que dure la session, aux séances publiques de la chambre des pairs et de la chambre des députés.

Les rapports qui doivent unir les aréopagites entre eux, individuellement, avec le corps entier de l'aréopage et enfin avec la société générale, sont spécifiés dans des statuts rendus publics et qui même n'ont été définitivement arrêtées qu'après avoir long-temps subi ou plutôt épuisé la censure de la presse périodique et non périodique de Paris et des départemens. On voit par ces statuts qu'aucun moyen n'est négligé pour préserver à toujours l'aréopage d'un dangereux esprit de corps, et pour le placer dans une position d'indépendance absolue des gouvernans et des gouvernés dont il est appelé à examiner et juger les rapports respectifs de chaque jour. En conséquence, les plus sages mesures, toutes énoncées dans les statuts, sont prises avec le plus extrême soin à l'effet de procurer aux aréopagites les moyens de satisfaire à tous leurs intérêts personnels, de famille, présens et à venir, sans dépendance ni intervention, soit du gouvernement, soit des peuples.

Les aréopagites renoncent à toutes fonctions

étrangères aux engagemens qu'ils ont contracté envers l'aréopage, même, s'il y a lieu, à leurs droits d'électeurs et d'éligibles, ne perdant jamais de vue que pour se maintenir intègres, impartiaux entre les intérêts si nombreux et si divers qui nous agitent tous, ils doivent rester personnellement étrangers à chacun d'eux. Aussi l'aréopage cherche à se placer relativement aux opinions et aux intérêts des contemporains, dans une position d'indépendance analogue à celle dont jouissent les magistrats de nos cours et tribunaux à l'égard des plaideurs. spécialement institué pour contribuer au bonheur et à la gloire de leur patrie, toujours et sans se rebuter jamais, les aréopagites donnent l'exemple des sacrifices qu'elle impose et de la soumission aux lois qui la régissent. On le voit, ils n'entendent se soustraire à aucune des charges de la société, en compensation des droits auxquels leur nature d'homme les oblige à renoncer pour rester fidèles à leur qualité de juges.

Les aréopagites dirigent, soit par eux-mêmes, soit par d'autres personnes de leur choix, étrangères à l'aréopage, des établissemens d'éducation pour l'un et l'autre sexe, où sont élevés leurs enfans.

Les femmes et filles des aréopagites forment entre elles, sous la direction de l'aréo pge, une congrégation qui a pour objet de les faire s'entre-aider mutuellement dans leurs besoins divers, dans l'observation de leurs devoirs de famille, et concourir indirectement par la douce influence des vertus qui leur sont propres, à l'accomplissement fidèle des devoirs publics auxquels se consacre l'aréopage, loin de s'y montrer étrangères ou opposées.

Je ne crains pas, messieurs, de recommander à vos méditations une combinaison qui tend à faire servir les affections, les intérêts et les devoirs de la famille, l'éducation des enfans surtout, à un grand but social. Vous vous montrerez sensibles au double avantage de préserver les femmes aréopagites de nos passions politiques et de leur faire un devoir d'en adoucir au contraire chez les autres les funestes conséquences.

Les maisons d'éducation consacrées aux enfans des aréopagites mettent en mesure l'aréopage de posséder dans son sein toutes les connaissances humaines, sciences naturelles et phisiques, sciences exactes, sciences métaphysiques, philosophiques, historiques, politiques, morales, belles-lettres, arts et métiers. En consé-

quence, «montrer le secours mutuel que doivent
« se prêter ces diverses sciences, les enchaîner
« toutes ensemble, les élever les unes et les
« autres; et marcher, avec toutes les forces de
« l'esprit humain ainsi rassemblées, à la décou-
« verte de ces grandes vérités » d'où découle
une science universelle et complète de l'humanité : tel est, sous les auspices et par les soins
de l'aréopage, l'immense entreprise à laquelle se
consacre l'élite des savans et des sages de notre
époque.

La nature, aidée dans ses développemens par la
sollicitude paternelle, indique, il n'y a pas de doute,
à l'aréopage, les professions diverses que devront
un jour exercer les enfans de ses membres; mais,
comme il n'y a que rarement vocation bien po-
sitive des individus pour telle condition sociale
plutôt que pour telle autre, l'aréopage, toujours
dirigé par le plus absolu dévoûment à la patrie,
jette, prolonge sur elle un regard investigateur
et de prévision pour déterminer ensuite, autant
que faire se peut, quels sont les arts, les sciences,
les professions qui, plus tard, dans l'intérêt général de la société, devront occuper un plus
grand nombre d'hommes, soit en France, soit
hors de France, si l'accroissement très sensible
de la population venait à rendre nécessaire l'éta-

blissement de colonies françaises dans les autres parties du monde. La réponse plus ou moins approximative de la vérité, que, par la profondeur et l'étendue de ses investigations, l'aréopage obtient sur ces graves questions d'avenir, détermine les divers modes d'éducation que reçoivent les enfans de ses membres.

En droit et en fait, l'aréopage ne doit, n'entend exercer, n'exerce réellement d'autorité, d'influence quelconque sur les hommes, gouvernans et gouvernés, puissans et faibles, savans et ignorans, riches et pauvres, que par l'ascendant de leur savoir, de leurs talens et de leurs vertus. Ils n'ont à leur disposition qu'un moyen unique de produire et de répandre au sein de la société et pour son bonheur, les résultats de leurs méditations et de leurs travaux continuels, la presse périodique et non périodique : or, c'est assez. Du jour où la société, souvent si faible, laisserait usurper à l'aréopage une autorité directe et coercitive sur les hommes, c'en serait fait de l'institution.

L'aréopage publie chaque jour à Paris et dans les quatre-vingt-cinq autres villes, chefs-lieux des départemens ; quatre-vingt-six journaux qui entièrement consacrés aux intérêts généraux de la société, ne peuvent en aucune manière se

trouver en opposition avec la partie légitime,
raisonnable et vraie des intérêts partiels dont,
en définitive, se compose l'intérêt général. C'est
uniquement à la partie vicieuse, erronée, gigan-
tesque de toutes les opinions, de tous les intérêts,
que s'attaque l'aréopage. Les productions de la
presse périodique et non périodique de Paris,
des départemens et de l'étranger, les actes des
ministres, et en général le bien et le mal qui
journellement s'opèrent dans les rapports respectifs du gouvernement et des peuples, sont
appréciés et jugés dans les feuilles de l'aréopage. Quant au mode de controverse que doivent adopter des journaux spécialement des-
tinés à servir de médiateurs et de juges à tous
les autres, la sagesse de l'aréopage en décide.
Des revues hebdomadaires, mensuelles, trimes-
trielles, annuelles, rectifient les erreurs que né-
cessairement commettent les rédacteurs des quatre-vingt-six journaux; mettent entre eux tous
l'accord, l'harmonie, l'ensemble de doctrines et
d'opinions, rétablissent l'unité de vues et de sen-
timens que la divergence et l'opposition des idées
conçues par un grand nombre d'hommes sur
quatre-vingt-six points du royaume, tendent né-
cessairement à désunir et diversifier dans les
feuilles de chaque jour. Il est entendu que les

nouveaux journaux n'ont sur les anciens aucun avantage ni privilège particuliers. Ils sont tout-à-fait dans le droit commun. La raison publique prononce entre les journaux aréopagites et la presse périodique, telle que maintenant elle existe entre l'attaque et la défense des actes et de la conduite du ministère, entre les rapports des gouvernans et des gouvernés, etc.

Ainsi donc, sous certains rapports, je me répète, les productions de la presse périodique et non périodique de Paris, des provinces et de l'étranger, sont, en honneur et conscience, en esprit et en vérité, pour l'aréopage ce qu'en matières civile et criminelle, sont pour les cours et tribunaux, dans chacune des affaires soumises à leurs juridictions, l'instruction de la cause, les plaidoiries des avocats, les conclusions du ministère public, les pièces du procès.

Vous le remarquez, messieurs, à vue, pour ainsi dire des productions de la presse, l'aréopage, uniquement mu par « la volonté ferme et « constante de rendre à chacun le sien, habile à « distinguer ce qui est juste et bon de ce qui ne « l'est pas, applique sans cesse par ses journaux « les lois d'une impartiale et lumineuse équité « aux choses divines aussi bien qu'aux choses « humaines, à tous les droits, à tous les devoirs,

« à toutes les obligations, à tout ce qui, sur la
« terre, peut s'appeler *juste* ou *injuste.* »

Les aréopagites s'attachent à obtenir pour
leurs nobles travaux le concours d'un grand
nombre d'hommes de mérite dans les sciences,
les lettres et les arts. Enfin l'aréopage cherche
constamment à résoudre pour le présent et l'ave-
vir, quelques-uns des grands problèmes auxquels
donnent lieu « les besoins, les habitudes, les
« ressources, les lumières et les préjugés des
« peuples ». Les feuilles de l'aréopage prouvent
au monde que leurs rédacteurs, doués d'un
cœur droit, d'un esprit juste, d'un caractère
ferme, puisent « dans leurs communications,
« dans leur communauté avec la société géné-
« rale, une vie continue, une sève sans cesse re-
« nouvelée, une profonde intelligence de l'esprit
« du temps »; qu'ils observent avec succès « la
« marche de l'administration, l'état du pays, sa
« politique intérieure et extérieure; qu'ils savent
« embrasser les intérêts moraux comme les in-
« térêts matériels de la société; qu'éclairés, mes-
« sieurs, par des expériences de plus d'un genre,
« ils reconnaissent que s'il est un moyen de réu-
« nir tous les partis, ce moyen consiste à se bien
« pénétrer des raisons de tous, à condescendre
« aux nombreuses opinions qui nous divisent, à

« n'en attaquer aucune avec les armes toujours
« inconvenantes de l'ironie et du sarcasme, à se
« mettre à la place de tous les intérêts. Ils savent
« que l'on trouve dans tous les partis, non-seu-
« lement des honnêtes gens, ce qui est incontes-
« table, mais des hommes éclairés et généreux,
« dont les opinions et la conduite, dictées par
« les lois les plus rigoureuses d'une conscience
« austère, sont indépendantes des positions di-
« verses où ils peuvent être placés. » (1)

J.-H. BOUCHER DE GIRONCOURT.

(1) La dernière partie de ce morceau est empruntée à M. Ballanche.